문학과지성 시인선 223

토마토는 붉다 아니 달콤하다

오규원 시집

문학과지성사에서 펴낸 오규원의 시집

왕자가 아닌 한 아이에게(1978; 개정판 1995)
이 땅에 씌어지는 서정시(1981)
가끔은 주목받는 생이고 싶다(1987; 개정판 1994)
사랑의 감옥(1991)
길, 골목, 호텔 그리고 강물소리(1995)
한 잎의 여자(1998, 시선집)
오규원 시전집 1·2(2002)
새와 나무와 새똥 그리고 돌멩이(2005)
나무 속의 자동차(2008, 동시집)
두두(2008)
분명한 사건(2017, 시인선 R)

문학과지성 시인선 223
토마토는 붉다 아니 달콤하다

초판 1쇄 발행 1999년 6월 15일
초판 8쇄 발행 2023년 7월 17일

지 은 이 오규원
펴 낸 이 이광호
펴 낸 곳 ㈜문학과지성사
등록번호 제1993-000098호
주   소 04034 서울 마포구 잔다리로7길 18(서교동 377-20)
전   화 02)338-7224
팩   스 02)323-4180(편집) 02)338-7221(영업)
전자우편 moonji@moonji.com
홈페이지 www.moonji.com

ⓒ 오규원, 1999. Printed in Seoul, Korea

ISBN 89-320-1080-3 02810

이 책의 판권은 지은이와 ㈜**문학과지성사**에 있습니다.
양측의 서면 동의 없는 무단 전재 및 복제를 금합니다.

문학과지성 시인선 223

토마토는 붉다 아니 달콤하다

오규원

1999

시인의 말

마음을 비우지 않고
마음을 곁에 두고

언어를 비운다
언어를 곁에 두고

1999년 6월
오 규 원

토마토는 붉다 아니 달콤하다

차 례

▨ 시인의 말

I

사방과 그림자 / 9
식탁과 비비추 / 10
토마토와 나이프 / 11
하늘과 돌멩이 / 12
밤과 별 / 13
물물과 높이 / 14
안 개 / 15
호 텔 / 16
강 / 17
돌 / 18
나 비 / 19
새와 길 / 20
지붕과 창 / 21
하늘과 집 / 23
하 늘 / 24
골목 1 / 25
골목 2 / 26
오후와 아이들 / 27

II

시작 혹은 끝 / 31
길 / 35
양지꽃과 은박지 / 36
장미와 문 / 37
벼 랑 / 38
여자와 아이 / 39
들찔레 / 40
새콩덩굴과 아이 / 41
하나와 둘 그리고 셋 / 43
아이스크림과 벤치 / 46
새와 집 / 47
처음 혹은 되풀이 / 48

III

칸 나 / 55
물물과 나 / 56
빈자리 / 57
절과 나무 / 58
부 처 / 59
잠자리와 날개 / 60
산 a / 61
산 b / 62
오늘과 아침 / 63
봄과 길 / 64
자작자작 / 65

나 무 / 66
나무와 해 / 67
꽃과 새 / 68
고려 영산홍 / 70
염소와 뿔 / 71
박 새 / 72
산 / 73
비 / 75
사루비아와 길 / 76

▨ 해설·시선의 조응과 그 깊이,
그리고 '몸'의 개방·최현식 / 78

I

사방과 그림자

장미를 땅에 심었다
순간 장미를 가운데 두고
사방이 생겼다 그 사방으로 길이 오고
숨긴 물을 몸 밖으로 내놓은 흙 위로
물보다 진한 그들의 그림자가 덮쳤다
그림자는 그러나
길이 오는 사방을 지우지는 않았다

식탁과 비비추
—정물 a

식탁 위 과일 바구니에는
포도 두 송이
오렌지 셋
그리고
딸기 한 줌

창밖의 파란 하늘에는
해가 하나 노랗게 물러 있고

식탁 위 과일 바구니에는
주렁 두 개와
둥글 셋
그리고
우툴 한 줌

창밖의 뜰 한쪽에는
비비추꽃이 질 때도 보랏빛이고

토마토와 나이프
—정물 b

토마토가 있다
세 개
붉고 둥글다
아니 달콤하다
그 옆에 나이프
아니
달빛

토마토와
나이프가 있는

접시는 편편하다
접시는 평평하다

하늘과 돌멩이

담쟁이덩굴이 가벼운 공기에 업혀 허공에서
허공으로 이동하고 있다

새가 푸른 하늘에 눌려 납작하게 날고 있다

들찔레가 길 밖에서 하얀 꽃을 버리며
빈자리를 만들고

사방이 몸을 비워놓은 마른 길에
하늘이 내려와 누런 돌멩이 위에 얹힌다

길 한켠 모래가 바위를 들어올려
자기 몸 위에 놓아두고 있다

밤과 별

밤이 세계를 지우고 있다
지워진 세계에서 길도 나무도 새도
밤의 몸보다 더 어두워야 자신을
드러낼 수 있다
더 어두워진 나무는 가지와 잎을 지워진
세계 위에 놓고
산은 하늘을 더 위로 민다
우듬지 하나는 하늘까지 가서
찌그러지고 있는 달을 꿰고 올라가
몸을 버티고 있다 그래도 달은
어둠에서 산을 불러내어
산으로 둔다 그 산에서
아직 우는 새는 없다
산 위에까지 구멍을 뚫고
별들이 밤의 몸을 갉아내어
반짝반짝 이쪽으로 버리고 있다

물물과 높이

밤새 눈이 온 뒤 어제는 지워지고 쌓인 흰 눈만 남은 날입니다
쌓인 눈을 위에 얹고 物物이 허공의 깊이를
물물의 높이로 바꾸고
나뭇가지에서는 쌓인 눈이 눈으로 아직까지 그곳에 있는 날입니다
뒤뜰에 붙은 언덕의 덤불 밑에는 오목눈이와 멧새와 지빠귀와
그리고 콩새가 서로 다른 방향으로 먹이를 찾고
새들이 먹이를 삼킬 때마다
덤불 밖의 하늘이 꼬리 쪽으로 자주 기우는 날입니다
직박구리 한 쌍이 마른 칡덩굴이 감고 있는 산수유에 앉아
노란 꽃이 진 자리에 생긴 붉은 열매를 챙기고
열매가 사라진 자리에는 허공이 다시 그 자리를 메우고 있는 날입니다
그러나 콩새 한 마리가 급히 솟구치더니
하늘에 엉기고 있는 덩굴을 빠져나와 동쪽으로 가서는
몸을 그곳의 하늘에다 깨끗이 지우는 날입니다

안 개

강의 물을 따라가며 안개가 일었다
안개를 따라가며 강이 사라졌다 강의
물 밖으로 오래 전에 나온
돌들까지 안개를 따라 사라졌다
돌밭을 지나 초지를 지나 둑에까지
올라온 안개가 망초를 지우더니
곧 나의 하체를 지웠다
하체 없는 나의 상체가
허공에 떠 있었다
나는 이미 지워진 두 손으로
지워진 하체를 툭 툭 쳤다
지상에서 보이지 않는 존재가
강변에서 툭 툭 소리를 냈다

호 텔

길에 매달려 호텔이 있었다
호텔의 문은 거기서도
안을 시작하거나
밖을 마감하곤 했다
강은 호텔 뒤에서
끊어졌다 이어졌다 했다
아니, 강은 둑을 앞세우고 뒤에 있었지만
강은 흔히 안개가 되어
물의 힘으로
호텔을 하얗게 지웠다 다시 세웠다
그래도 호텔의 창문은 몇 개
열리고 닫혔다 열린 문으로는
방의 어둠을 배경으로
사람의 상체는 잠깐씩 보여주었다

강

강은 처음부터 몸을 물로 풀고
낮은 곳이면 어디든 가서
함께 머물렀다 그러나 강은
그곳을 떠날 때
물은 그대로 두고 갔다
새들도 강에서 날개를 접을 때는
반쯤 몸을 물에
잠그고 있는 돌 위에
두 다리를 놓았다

돌

처서가 지나면서 바람이
뒤뜰에서도 급하고 담장 밖에서
코스모스의 몸이 심하게
요동을 친다 길 밖과
길 밑 그 어디든 그러나
코스모스는 꽃을 들고 바람을
타고 다닌다 몸은 가운데 두고
꽃은 흔들리는 사방에 있다
코스모스의 뿌리를 지그시 누르며
드문드문 하늘 아래
오래된 돌들이 있다

나 비

작약꽃이 한창인 아파트 단지에서
나비 한 마리가 길을 가고 있다
어린 후박나무를 지나 향나무를
지나 목단을 넘고 화단 가장자리의
쥐똥나무를 넘어 밖으로 가더니
다시 속으로 들어와
한창인 작약꽃을 빙글빙글 돌더니
아무것도 없는 허공을
혼자 훌쩍 날아올라 넘더니
비칠대는 온몸의 균형을 바로잡고
날아넘은 허공을 뒤돌아본다
뒤돌아보며 몸을 부풀린다

새와 길

허공에서 생긴
새들의 길은
허공의 몸 안으로 다시
들어갑니다
몸 안으로 들어간
길 밖에서
다른 새가 날기도 하고
뜰에서
천천히 지워질 길을
종종종
만들기도 합니다

지붕과 창

길이 끊어진 곳에 멈추어
서 있는 길이 있습니다
서 있는 길과 마주보며 집이
한 채 있습니다 서 있는
길을 보며 집이 앉아 있습니다

지붕에는 날개가 있는 새가
앉습니다 새가 간 뒤에 지붕은
이번에는 오로지 지붕이 됩니다
지붕과 창으로 이어지는 길은
햇빛이고 방으로 이어지는 길은
어둠입니다

허공에서 생긴 새들의 길은
허공의 몸 안으로 다시 들어갑니다
몸 안으로 들어간 길 밖에서
다른 새가 날기도 하고
뜰에서 천천히 지워질 길을
종종종 만들기도 합니다

서 있는 길 뒤에서
흔한 꽃 몇몇이
피다가 멈추고 피다가 멈추며
꽃 질 자리를
감추고 있습니다
감추고 있는 그곳까지
감추어질 길이 있습니다

하늘과 집

하늘은 언제나 집의 밖에 있다
그러나 집은
언제나 하늘 속에 있다
하늘의 속에 깊이 들어앉을수록
집의 밑은 들린다
나무와 새 그리고 잔디를 안고
뜰의 몸이 슬그머니 들린다
집은 창을 반짝이면서
문을 그러나 열지는 않는다
가끔 길이 집 앞에서
뜰의 밑을 받치고 있다

하 늘

지상의 모든 담이
벽이 끝나는 곳이 하늘이다
여기저기 엉겨붙어
담의 끝까지 간 담쟁이가
불쑥 몸을 드러낸 하늘 앞에
전신이 납짝해져 있다
하늘에는 담쟁이가
엉겨붙을
담이나 벽이 없다

골목 1

골목의 입구에서 양광이
담벽 위의 라일락 나뭇잎 몇몇을
반짝 들어올렸다 사라지더니
이번에는 담벽 중앙에 커다랗게
그려진 보지 둘레로 왁자하게 모여든다
이곳의 보지는 그러나 딱딱하게 막혀 있어
환하게 어둡다

골목 2

오늘, 이 골목은 어둠이 담벽에 기대어 서 있다
오늘, 이 골목은 어둠이 창을 사각형으로 만들어 들고 서 있다
오늘, 이 골목은 어둠이 지붕을 지우고 허공을 들고 서 있다

오후와 아이들

한 아이가 공기의 속을 파며 걷고 있다

한 아이가 공기의 속을 열며 걷고 있다

한 아이가 공기의 속에서 두 눈을 번쩍 뜨고 있다

한 아이가 공기의 속에서 우뚝 멈추어 서고 있다

한 아이가 공기의 속에서 문득 돌아서고 있다

II

시작 혹은 끝

……쥐똥나무 울타리 밑에서
박새 한 마리가 새의 길을 밟고 있다
새의 길을 보면서 한 사내가
발이 앞서 있는 곳을 딛는다
길바닥 위에 뒹구는
각각 외딴 돌멩이 둘과
둘 위의 허공을 뒤로 보내며
담장 안을 기웃거린다 순간
담장 안에서도 가시가 돋아 있는
장미의 붉은
그림자가
얼굴에 털썩 달라붙는다
담장 밖은
벼랑을 따라 꺾어지고
축 늘어진 하늘 한 자락이 길에 붙는다
지나가는 여자의
치마에 길이 몇 번 펄럭거리고
사내의 발에
고인 물 속에서 새 그림자가 밟힌다
무리를 이룬 망초 위로

개울 물소리를 밟는 나비와
밤나무가 우거진 개울을 따라
명아주를 지나면
엉겅퀴에 엉겨 있는
새소리를 지나야 하는
작고 둥근 자갈과
작고 둥근 자갈 위의 길을 밟는다
다리를 지난다
다리 밑의 녹강 속의 길은 깜깜하고
깜깜한 그 길을 거기 두고
은행나무에 걸린 허공 아래로 간다
한 여자가 허공을 두고
길에 파묻힌다
허공에 기대고 서 있던 아이가
여자의 치마를
길 밖으로 잡아당긴다
길 밖에는 꽃을 떨군 들찔레의 가지에
빈자리가 대신 들어서 있다
산밑을 파고 있는 길을 밟는다
길 밖에서 산을 파고 있는

조팝나무의 무리와
이름을 미처 확인하기도 전에 뒤에
남겨지는 나무를 지난다
바위의 아랫도리를 지우는 익모초와
아랫도리가 지워지지 않은
아카시아를 지난다 허공을 나누고 있는
새를 보낸다
늙은 사내의 뒤를 보낸다
길 위에는
돌들이
하나 둘 셋
아니
하나 둘
셋
있다
칡덩굴의 끝 하나를 따라가다가
칡덩굴의 길을 나와
깨어진 시멘트의 길을 밟는다
먼 곳에 있는 산오리나무와
먼 곳에 있는 떡갈나무와

산벚나무를 뒤로 보낸다
길 옆에 있는 작고 예쁜
하백초에 눈이 아슴아슴 지난다
댕댕이덩굴에 시야가 감긴다
길 옆에는
북구풍 카페가
넓은 뜰을 들고 있다
문 닫힌 건물은 배경이 되어 뒤에 있고
유리창들은 반짝거리다가
길가의 벤치에 몸이 들려 있는
한 소년의 어깨까지 잔광을 얹는다
길 건너편에서는
집들이 지붕을 하늘로 들어올리고
....

—당신은 이 시가
어디에서 시작하고 어디에서 끝나야
한다고
생각하는가?

길

이쪽과 저쪽으로 가는 길이 하나 있었다
동과 서인지 남과 북인지로 가는 길이 하나 있었다
강에서는 다리를 놓고 하늘에서는 다리를
놓지 않는
길이 하나 있었다
메꽃이 기는 산기슭에서는 띠풀이나
칡덩굴의 길과 함께 가지 않는
길이 하나 있었다
하늘을 나는 새가 참고로 하지 않는
사마귀가 함부로 가로지르는 길이 하나 있었다

양지꽃과 은박지

쥐똥나무 울타리 밑
키작은 양지꽃 한 포기 옆에 돌멩이 하나
키작은 양지꽃 한 포기 옆에 돌멩이 하나 그림자
키작은 양지꽃 한 포기 그림자 옆에 빈자리 하나
키작은 양지꽃 한 포기 그림자 옆에 빈자리 지나
키작은 양지꽃 한 포기 옆에 새가 밟는 새의 길 하나
키작은 양지꽃 한 포기 옆에 바스락거리는 은박지 하나

장미와 문

정원의 잔디는 두 마리 흰 나비와
그림자에 붙어 있는 한 여자를
묶어놓고
집 앞에서 반짝이고 있다
잔디 밖의 뜰에서
장미는 담장 안에서도
가시가 돋아 있다
장미가 열어놓은 문은 꽃에 있고
빛이 집 안으로 가는 문은
벽에 있고
사람이 여는 문은 시멘트
바닥부터 시작하고 있다
장미 옆에서도 여자의 그림자는
몸을 땅에 콱 박고
집은 햇볕에 자리를 조금 뒤로 물리고

벼 랑

벼랑 위의 길에서
축 늘어진 하늘을 밟는다
하늘을 푹푹 밟아도 그러나 신발
바닥에 하늘이 묻지 않는다
하늘과 부딪치는 윗도리와
아랫도리에도 하늘이 묻지 않는다
그러나
뚫고 가는 어깨와 무릎에
질긴 바람이 턱턱 걸린다

여자와 아이

한 여자가 길 밖에
머리를 두고
길 안으로 간다
여자의 치마 끝에서
길이 몇 번 펄럭거린다
작고 둥근 자갈과
작고 둥근 자갈 위의 길을 지나
은행나무에 걸린
허공 아래로 간다
길 밖에서
메꽃이 하나 이울고
여자가 허공을 거기에 두고
길에 파묻힌다
허공에 기대고 있던 아이가
여자의 치마를 길 밖으로
잡아당긴다

들찔레

꽃을 떨군 들찔레의 가지에
꽃 대신 줄줄이
빈자리가 달려 있다
줄줄이 빈자리가 달려도 들찔레의
가지는 가볍고
멍석딸기는 그늘에서
여전히 붉다

새콩덩굴과 아이

엉겅퀴를 지나면
명아주를 지나야 하는 길입니다

수영을 지나면
여뀌를 지나야 하는

뱀딸기를 지나면
메꽃을 밟아야 하는

매듭풀을 들치면
갈퀴덩굴을 지나야 하는

새콩덩굴이
새콩덩굴을 감아야 하는 길입니다

방가지똥을 지나면
괭이밥을 밟아야 하는

잠자리가 문득
새콩덩굴을 밟아야 하는

한 아이가 문득
멈추어야 하는 길입니다

하나와 둘 그리고 셋

작은 돌들이 있습니다

하나와 둘
그리고
셋
넷
………………

아니

하나와
둘
셋
그리고
넷
………………

아니

하나

둘
셋
넷
················

아니

하나, 둘, 셋, 넷
·······················

아니

하나/둘/셋/넷
····························

아니

하나/둘
셋
그리고

넷
……………

아니

길가에
길 안에
길 밖에

하나
그리고
둘
셋
넷
……………

아니

아이스크림과 벤치

길가의 벤치에
한 소년이 앉아 있다

머리 위에는
태양이 혼자 가는
하늘이 얹혀 있다

그 하늘에는
벤치가 놓여 있지 않다

아이스크림 가게도
차려져 있지 않다

붕어빵 가게도
골목도

민박도
여자도
마련되어 있지 않다

새와 집

 길 건너, 집이 있습니다. 이층집이 넷, 사층이 하나, 오층이 하나, 단층이 둘; 배경은 모두 허공입니다.

 집에는 창이 있습니다. 열린 창이 둘, 커튼 걷힌 창이 여섯, 아침까지 불켜진 창이 하나; 배경은 모두 벽입니다.

 집에는 단풍나무가 둘, 등나무가 하나, 모과나무가 하나, 측백이 하나, 목련과 반송이 둘, 그리고 배롱나무가 하나; 배경은 모두 허공입니다.

 골목이 하나 사층과 이층 사이로 생겨 있습니다. 길의 끝에는 한 남자와 여자가 끌어안고 주둥이를 붙이고 있습니다. 배경은 허공입니다.

 그 허공에 지금 막 한 마리 새가 생겨나서 뾰족한 부리를 앞세워 숲 쪽으로 가고 있습니다.

처음 혹은 되풀이

발과 신발

············북구풍 카페의 문이 열리고
한 사내가 집 밖에 나와 선다
순간 쥐똥나무 울타리 밑에서 자박자박
길을 만들었다가 지우고 있는
박새와 함께
북구풍 카페는 사내가 서 있는 지상에서
문이 닫힌 배경이 된다
여기에서도 길의 시작은 신발의 앞이
집 밖으로 놓일 때이고 신발의 앞이
집의 안쪽으로 놓이면 길의 끝이다
한 사내의 발은 이미
펼쳐져 있는 길에 있고
그러나 땅에 닿는 것은 언제나
발이 아니라 신발이다
그러나 사내가 딛는 것은
땅이 아니라 길이다
한 소년은 길가 벤치에 그림자를 깔아놓고
사내가 뒤에 두고 가는 터벅거리는 길을 누르고

머리를 하늘에 두고 있다
길 건너 산기슭의 산벚나무와
오리나무도 머리를 하늘에 두고 있다

새와 돌

떡갈나무를 산기슭에 두고
길은 낮은 지상으로 풀리고 있다
낮은 지상에서도
돌들은
하나 둘
셋
아니
하나 둘 셋
있다
산밑에는 언제나 산을 파고 있는
길이 있다 산밑에서도 사람 하나
길에 묻히고
아카시아를 중심으로

새 한 마리 허공을 나누다가
급히 하강하고
다른 새 한 마리는 위로 솟구치다가
어느새 하늘이 되었다
사내는 낮은 길에 서서 몸을
바로 세운다 길이
앞뒤로 나누어지며 툭 끊어진다

고요와 소리

새가 떠나더니 들찔레의 가지에는
고요가 흔들리고
그 밑 뱀딸기에 있는 고요는 빨갛다
무리를 이룬 망초 위로
햇볕에 씻기며 개울 물소리가
혼자 흐른다
개울을 따라
작고 둥근 자갈과
작고 둥근 자갈 위의 길을 밟는

한 여자와 여자의 몸에 반쯤 지워진
아이의 발 밑에서는
자갈 자갈 소리가 나고
여자의 치마 속에서 무슨 일인지
공기가 몇 번 몸을 부풀린다
이 길에서는 소리가
고요의 한구석이다
길에 고인 물 속에서 새 그림자 하나
다시 길 위로 급히 오른다
새는 어느 허공에 묻혔는지 보이지 않고

나비와 그림자

담장 안에서도 장미가
저희들끼리 벌겋게 뭉쳐 있다
사람들은 그림자까지 거두어가고
잔디와 햇살만 위로 솟구치고
담장 안을 엿보는 사내의
얼굴에 나비의

그림자가
시커멓게 달라붙었다가 떨어진다
허공에 있는 나비의
그림자는 나비의 몸에 붙지 않고
땅에 있는
頭頭와 물물에 붙는다
길 위에는
각각 외딴 사내의 신발과
돌멩이들
신발과 돌들은 몸을 부풀리며 몸 위의
허공을 위로 밀어올리고 있다
길 밖 키작은 양지꽃 한 포기 옆에는
은박지 하나 바스락거리고
....

III

칸 나

칸나가 처음 꽃이 핀 날은
신문이 오지 않았다
대신 한 마리 잠자리가 날아와
꽃 위를 맴돌았다
칸나가 꽃대를 더 위로
뽑아올리고 다시
꽃이 핀 날은 아무 일도
일어나지 않고
다음날 오후 소나기가
한동안 퍼부었다

물물과 나

7월 31일이 가고 다음날인
7월 32일이 왔다
7월 32일이 와서는 가지 않고
족두리꽃이 피고
그 다음날인 33일이 오고
와서는 가지 않고
두릅나무에 꽃이 피고
34일, 35일이 이어서 왔지만
사람의 집에는
머물 곳이 없었다
나는 7월 32일을 자귀나무 속에 묻었다
그 다음과 다음날을 등나무 밑에
배롱나무 꽃 속에
남천에
쪽박새 울음 속에 묻었다

빈자리

며칠 동안 멧새가 긴 개나리
울타리 밑을 기고 깝죽새와
휘파람새가 어린 라일락 가지와
가지를 옮겨다니더니
오늘은 새들이 하늘을 살며
뜰을 비워놓았다
그 사이 단풍나무는
가지 끝과 끝에서 잎이 뾰족해지고
감나무는 잎이 동글동글해졌다

절과 나무

나무 몇 그루가 묵묵히 가지 속에
자기 몸을 밀어넣고 있다

그 나무들 위에 절(寺)이 한 채 얹혀 있다

나무의 가지 끝까지 올라간 물이
나무에서 절 안으로 길을 내고 있는지
가지가 닿은 벽의 곳곳에 이끼가 끼어 있다

양광은 하늘에 가득하고
부처는 절 안에 있고
사람은 절 밖에서 나무에 잡혀 있다

바람이 불어도 절은 뒤에 있는
하늘에 붙어
흔들리지 않는다

부 처

부처는 내가 서 있는 평평한 땅 위에
내 발이 닿아 있는 땅보다 조금 높은 곳에
놓여져 있다 부처의 몸은 팔과
다리 머리와 몸통으로 만들어져 있다
머리는 내 다리가 닿아 있는
평평한 땅 위에 놓인
그 몸 위에 얹혀 있다 입과 눈은 코와 귀는
몸 위에 얹혀 있는 작지만 둥근 머리를
파고 들어가 각각 있다 몸의 앞은 내가 서 있고
몸의 뒤는 둥근 우주가 있는 벽이다
부처는 그러나 나와 달리
앉아 있다

잠자리와 날개

잠자리는 나뭇가지 끝에
나는 나무 의자 끝에 있다

나뭇가지의 끝에는 뾰족한 하늘이고
의자의 끝에는 절벽의 하늘이다

잠자리와 나는 뾰족한 하늘과
절벽의 하늘에 붙어 있다

잠자리는 두 쌍의 날개를 수평으로 펴고
나는 두 쌍의 팔다리를 수직으로 펴고

잠자리도 나도 햇볕에
날개가 바싹바싹 잘 마르고 있다

산 a

바람이 불어도
갈참나무가 있었다
그늘이 있어도
바람이 불었다

산 b

산골무는 보지 못했다
원추리는 보지 못했다
더덕은 보지 못했다
무덤은 있었다

오늘과 아침

　땅의 표면과 공기 사이 공기와 내 구두의 바닥 사이 내 구두의 바닥과 발바닥 사이 발바닥과 근육 사이 근육과 뼈 사이 뼈와 발등 사이 발등과 발등을 덮고 있는 바랭이 사이 그리고 바랭이와 공기 사이

　땅과 제일 먼저 태어난 채송화의 잎 사이 제일 먼저 태어난 잎과 그 다음 나온 잎 사이 제일 어린 잎과 안개 사이 그리고 한자쯤 높이의 흐린 안개와 수국 사이 수국과 수국 곁에 엉긴 모란 사이 모란의 잎과 모란의 꽃 사이 모란의 꽃과 안개 사이

　덜자란 잔디와 웃자란 잔디 사이 웃자란 잔디와 명아주 사이 명아주와 붓꽃 사이 붓꽃과 남천 사이 남천과 배롱나무 사이 배롱나무와 마가목 사이 마가목과 자귀나무 사이 자귀나무와 안개 사이 그 안개와 허공 사이

　오늘과
아침

봄과 길

나비가 동에서 서로 가고 있다
돌이건 꽃이건 집이건
하늘이건 나비가 지나가는 곳에서는
모두 몸이 둘로 갈라진다 갈라졌다가
갈라진 곳을 숨기고 다시
하나가 된다
그러나 공기의 속이 굳었는지
혼자 길을 뚫고 가는 나비의 몸이
울퉁불퉁 심하게 요동친다

자작자작

경운기가 흙을 움켜쥐며 따라가는 길이
그 길 곁 우거진 고마리들이 허리 아래로
물을 숨기고 있는 길이 고마리들이
물에 몸을 두고 물을 보내는 길이
자작자작 이끼가 올라가는 길이

나 무

우뚝 나무 한 그루 서 있다
언덕 위에 서 있다

허공을 파고 있는
그 나무 꼭대기에는 새가 한 마리
가끔 몸을 기우뚱하며
붉은 해를 보고 있다
날개가 달린 그 나무의 가지

나무와 해

허공의 나뭇가지에 해가 걸린다
나무는 가지가 잘려지지 않고 뻗도록
해를 나누어놓는다
가지 위에 반쪽
가지 밑에 반쪽

허공은 사방이 넓다
뻗고 있는 가지
위에 둥근 해가 반쪽
밑에 둥근 해가 반쪽

꽃과 새

봄입니다 그리고
4월입니다

목련꽃이 피자 꽃몽오리에 앉았던 햇살이
꽃봉오리에서 즉각 반짝 하고 빛났습니다

목련꽃이 지자 이번에는 햇살이 꽃이 진 자리에
매달려 새 잎을 불러내고 있습니다

목련꽃이 지고 꽃이 진 자리에 잎이 날 동안
목련꽃 곁의 울타리에서는

몽오리를 만들고 있던 개나리가 노오란
꽃을 불쑥 내밀었습니다

순간 꽃몽오리에서 밀려나던 햇살이 반짝하더니
다시 꽃봉오리에 와아아 ── 붙었습니다

개나리 울타리 밑에서는 민들레가
개나리와 같이 노오란 꽃을 만들고

양지 쪽 울타리 밑에서는 흙더미 위로
이제 겨우 채송화가 머리를 뾰족 내밀었습니다

그래도 성급한 벌들이 가끔 그 위를 날고
개미는 뾰족한 채송화 머리 사이로 걸음을 옮깁니다

아, 물론, 새들은 꽃 피고 잎이 돋을 동안
꽃몽오리와 잎을 피해 나뭇가지에 앉았습니다

고려 영산홍

북쪽에 서서 아니 허공에 서서
키가 훨씬 큰
고려 영산홍은 가지의 끝까지 올라온
잎만 몇 개 하늘에 붙여놓는다
그 잎 위에서도
해는 서쪽으로 떨어진다

염소와 뿔

봄눈이 오고 있다 죽은 꽃대 위에
봄눈이 오고 있다 죽은 꽃대 곁에
봄눈이 오고 있다 죽은
꽃대를 우적우적 밟고 가는
검은 염소의 몸뚱이 위에
검은 염소의 몸뚱이 끝에 달린 뿔 위에
봄눈이 오고 있다 하얗게
봄눈이 오고 있다 하얗게
왔다가 갔다가
버려진 신발 위에
쌓인 철근 위에 벽돌 위에
봄눈이 오고 있다
하늘 밑의 허공에
죽은 꽃대 위에
죽은 꽃대와 허공에 끼인 검은
염소 몸뚱이에 달린 뿔 위에

박 새

 칡덩굴이 들찔레와 옻나무의 키작은 가지 위로 온몸으로 쏟아지는 하늘을 격자와 격자로 엮어놓고 잘 마르고 있다 잎을 다 내려놓고 몸이 가벼워진 들찔레와 옻나무와 싸리와 망개나무가 가끔 작게 작게 나누어진 하늘 위로 불쑥불쑥 가지를 들어올려 흔들었다 가슴이 흰 박새도 그 길을 따라 솟구치고는 얼마 후 돌아와 재재거렸다

산

떡갈나무가 있었다
신갈나무가 있었다
바람이 불어도
갈참나무가 있었다
그늘이 있어도
바람이 불었다

졸참나무가 있었다
청떡갈나무가 있었다
키가 작았다
바위 곁에 서서
흰 꽃 피는 산사나무의
그늘이 있었다
흰 꽃 피는 파삭다리의
그늘이 있었다
아구장나무가 있었다
노란 꽃 피는 고광나무가 있었다

산앵두는 보지 못했다
산골무는 보지 못했다

원추리는 보지 못했다
더덕은 보지 못했다
무덤은 있었다

개쉬땅나무가 있었다
싸리나무가 있었다
바람이 불어도
개옻나무가 있었다
붉나무가 있었다
그늘이 있어도
물푸레나무는
멀리 떨어져 있었다

비

 비가 온다, 대문은 바깥에서부터 젖고 울타리는 위서부터 젖고 벽은 아래서부터 젖는다
 비가 온다, 나무는 잎이 먼저 젖고 새는 발이 먼저 젖고 빗줄기가 가득해도 허공은 젖지 않는다
 ……………라고 말하는 시도 젖지 않는다

사루비아와 길

사루비아를 땅에 심었다 꼿꼿하게
선 그 위에 둥근 해가 달라붙었다
사루비아 옆은 여전히 비어 있어
모두 길이다

해 설

시선의 조응과 그 깊이,
그리고 '몸'의 개방

최 현 식

1

 세계를 읽는 데는 ① 사실을 사실로 읽을 수 있는 시각이 중요하다. 그러나 더 중요한 것은 그 ② 사실들이 서로 어울려 세계를 말하고 있다는 것을 아는 것이다. 그것을 느낄 때, 우리는 어떤 현상에서 눈에 보이는 사실보다 ③ 더 무겁고 충격적인 심리적 총량으로서의 사실감을 자기의 것으로 받아들이게 된다. 그러나 이렇게 세계를 읽을 수 있는 사람이 얼마나 되는가!
— 『가슴이 붉은 딱새』, p. 135. (괄호 숫자 및 강조: 인용자)

 별다른 해석의 부기(附記)를 요구하지 않을 만큼 평이하고 명료한 진술문이다. 그러나 이것은 '언어 속의 나와 세계'는 과연 무엇인가라는 일관된 물음으로 살아온 오규원의 최근의 시적 사유가 흘러나오고 모여드는 웅숭깊은 저수지이다. 시인의 여러 발언이 확인해주듯이, 이

곳의 가장 중요한 물줄기는 관념의 더께를 떨궈낸 말과 사물과의 행복한 조응을 기도하는 '날〔生〕 이미지의 현상학'이다. 환유적 언어 체계에 기댄 이 방법은, "치환 또는 대체 관념으로 세계를 쪼개고 부수는 작업(은유적 언어 체계 ― 인용자)"의 허망함과 폭력성에 대한 회의 끝에 "부정할 수 없는 '사실적 현상'을 이용하여 (세계의) '살아 있는 의미들'을 함께 껴안"(「현상적 사실과 '풀어놓기'」)고 회복하려는 의지에서 비롯된 것이다.

그것을 구체화하는 첫 자리가 ①이다. 그런데 우리는 '사실적 현상'의 관찰과 기록을 통해 획득된 '사실성'이 세계에 대한 판단 중지가 밑받침된 소박한 사생성(寫生性) 또는 사진적 기록성에 의한 그것과는 거리가 멀다는 사실을 유념할 필요가 있다. 시인의 '사실성'에 대한 궁극적 관심은 인용에서 보듯이 ②가 표상하는 '의미적 정황'의 탐사뿐만 아니라 그것을 매개로 한 내면의 고양 및 승화를 향해 있기도 하다. 그러므로 그 정황을 드러내는 *present* 근원적 힘인 '날 이미지'는 기존의 세계나 언어를 메마른 관념의 때가 앉기 이전의 제 소리를 "쨍쨍 울리는 추억"(김수영, 「거대한 뿌리」)의 자리로 되돌리는 것만을 목적하지는 않는다. ③이 암시하듯이, 어쩌면 ②에서 건네진 말을 '나'가 알아채면서 생성되는 돌연한 풍경의 출현이야말로 '날 이미지'의 최후의, 아니 최초의 과녁인지도 모른다. 추측하건대, 그 미지의 풍경은 시적 동일성의 순간, 보다 정확하게는 무심히 던져져 있는 타자들에게서 '나'의 어떤 것을 문득 마주치는 타자 체험의 순간을 뜻할 것이다. '날 이미지'가 뿜어내는 매우 낯설면서도 매혹적인 힘이랄 수 있는 "눈에 보이는 사실보다 더 무겁고 충격적인 심리적 총량으로서의 사실감"은, 분명 거기서 솟아오른 것이다.

그에게 타자성의 체험은 세계에 대한 처음의 앎을 구성하는 '지각'의 현상학과 밀접히 연관되어 있다. 그가 강조해 마지않는 '세계가 건네는 말을 알아듣는 것'은 이 맥락에서 이해될 필요가 있다. 지각의 현상학에 따르면, 우리가 사물들의 물질성, 이를테면 질감·빛·색 등을 느낄 수 있는 까닭은 우리 신체 안에 그런 것들에 반향하는 내적인 등가물 internal equivalent이 존재하고 있기 때문이다. 이런 점에서 감각 행위는 상호 동일성을 매개로 나와 사물이 대화를 나누는 것이다. 더 나아가 세계를 향해 '나'를 활짝 열어제치는, 그럼으로써 원래부터 '나' 안에 살고 있던 무수한 타자들을 되살리려는 능동적 몸짓이기도 하다.

가령 "허공으로 함부로 솟은 산을/하늘이 뒤에서 받치고 있다/하늘이 받치고 있어도/산은 이리저리 기운다 산 밑에서/작은 몸을 바로 세우고/집들은 서 있다"(「안과 밖」 1연, 『길, 골목, 호텔 그리고 강물소리』)를 참조해보자. 이 시는 언뜻 보면 어느 산마을의 풍경을 즉물적으로 소묘한 것 이상의 느낌을 주지 않는다. 그러나 그 풍경을 묘사하는 데 동원된 동사들을 유심히 따라가 보면, 어떤 역동적 힘의 분산과 응집에 의한 입체감이 뚜렷이 느껴진다. 그 입체감은 풍경을 구성하는 산·하늘·집 등을 의인화함으로써 얻어지는 것처럼 보인다. 그러나 이 의인화는 주관적 정서의 틈입을 전혀 배제하고 있다는 점에서 일반적 의미의 그것과는 거리가 멀다. 오히려 사물들이 발산하는 어떤 힘에 자동적으로 반향하는 자아의 내면이 순간적으로 걷어올려지면서 생겨난 의외로운 부산물에 가깝다. 이런 사정은 '사실을 사실로 보는 것'이 ③과 같은 미적 충격으로 거듭나게 되는 비밀의 한 실마리이다.

2

여태껏 나는 이 글의 대상인 『토마토는 붉다 아니 달콤하다』에 이르지 못한 채, '날 이미지의 현상학'과 그것의 만물이었던 『길, 골목,…』의 일부를 복기해왔다. 이런 머뭇거림은 그 과정을 거치지 않고서는 새 시집에 담긴 오규원 시의 연속과, 특히 변화를 제대로 짚어낼 수 없겠다는 생각 때문이었다. 『길, 골목,…』의 경우, 시인은 만유 존재의 '정(定)하지 않는' 실체를 탐(探)하기 위해 많은 부분 존재/현상의 생성과 변화, 소멸에 관련된 힘의 벡터 *vector*를 주목했다. 이 때문에 그의 풍경들에는 '공간의 시간화' 전략에 기댄 '움직이는 힘'이 전경화되었다. 주로 '힘'에 지향된 시선은, 그러나 때로는 그 풍경이 우리 삶에 대한 은유로 읽힐 여지와 함께, '날 이미지'에서 세계의 무시무시한 복합성과 모호성의 현존을 축소하는 결과를 낳기도 했다. 여기에서 특정 감각의 고정화 혹은 특권화의 혐의를 캐내는 것은 그야말로 호사 취미밖에 안 될 것이다. 하지만 접촉 순간에 이미 다양한 성질들·감각들·의미들의 복합체로 출현하는 사물들과 그것의 드러냄으로서의 '날 이미지'는 어쨌든 그

'쨍쨍함'을 덜 수밖에 없게 된 것이다.

그런데 벌써 제목이 환기하듯이, 『토마토는 붉다 아니 달콤하다』는 그런 기미들을 염두에 두었다는 듯, '나'의 시선을 전방위에서 개방하려는 새로운 실험을 시도하고 있다. 그는 세계가 은밀히 속삭이는 '존재의 본질적인 이질성'을 주의 깊게 청취하며, 또한 그 들은 바를 억압하지 않고 자유롭게 풀어놓기 위해 시적 구조의 완결성마저도 개방(해체)하는 위험스런 모험으로까지 나아간다. 물론 시인은 이를 위해 여전히 '서로 어울려 사실을 말하는' 사물들의 관계 방식에 주목한다. 그는 관계의 탐색을 통해 '같이'에 의한 세계의 유기체적 조화, 완결성과 같은 전체성의 아름다움을 구하지는 않는다. 그보다는 '따로(각각)'에 의한 사물의 참다운 개별성과 복수성(複數性)이 보장되는 공존의 미학에 다다르기를 희망한다. 그 때문에 그는 수직적 체계 *hierarchy*의 거부를 통한 수평적 연관 관계의 실현이 어떻게 가능한가를 묻고 또 묻는다. 그 물음은 '날 이미지'의 자율성에 대한 더욱 철저한 믿음으로부터 시작된다.

밤새 눈이 온 뒤 어제는 지워지고 쌓인 흰 눈만 남은 날입니다
쌓인 눈을 위에 얹고 物物이 허공의 깊이를
물물의 높이로 바꾸고
나뭇가지에서는 쌓인 눈이 눈으로 아직까지 그곳에 있는 날입니다
뒤뜰에 붙은 언덕의 덤불 밑에는 오목눈이와 멧새와 지빠

귀와
그리고 콩새가 서로 다른 방향으로 먹이를 찾고
새들이 먹이를 삼킬 때마다
덤불 밖의 하늘이 꼬리 쪽으로 자주 기우는 날입니다
———「물물과 높이」 부분

눈 온 뒤의 풍경 한자락을 보여주는 시이다. 『길, 골목,…』의 시편과 비교해 크게 달라지지 않은 것처럼 느껴진다. 그러나 변화는 분명히 있다. 무엇보다 풍경을 말하는, 아니 사물들의 말을 전달하는 시인의 어법이 달라져 있다. 시인은 '힘'의 어떤 방향에만 현미경적 시선을 보내지 않는다. 그래서인지 '정중동(靜中動)'의 내밀함에 대한 묘사가 훨씬 부드럽게 느껴진다. 이전 시에는 '사실적 현상'을 말하면서도, 이를테면 "층계의 길이 간혹 저지르는/납치의 흔적이다"(「집과 길」)라는 식의 시적 자아의 해설적 전언(傳言)이 스며 있는 경우가 많았다. 하지만 이제 그런 개입마저 자제되며, '날 이미지'의 자율성이 한층 강화되고 있다. 그런 만큼 그 현상이 건네는 말 역시 우리(특히, 독자)와의 역동적 공존 안에서 다양한 의미의 가능성을 허락받는다. 더 예시하지는 않지만, '나'를 지움으로써 오히려 더 자유분방한 '풍경의 의식'을 살고자 하는 것, 이것은 이 시집의 가장 많은 분량을 차지하고 있는 풍경시들의 가장 두드러진 존재 방식이다.

그런데 이 시에는 이런 읽기를 벗어나는 구절이 하나 있는바, "물물(物物)이 허공의 깊이를/물물의 높이로 바꾸고"가 그것이다. 시적 자아의 급작스런 개입은 이 대목에 어떤 중요한 메시지가 숨어 있음을 짐작하게 한다. 단순히 말한다면, 그 메시지는 하나의 사물이 시선의 전도에 의해 전혀 다른 차원으로 존재할 수 있다는 앎의 방식의 수정에 관한 것이다. 하지만 깊이 생각해보면, 행위 주체인 '물물'이 암시하듯이, 사물 자체의 복합성과 모호성은 물론이고, 나와 사물, 사물과 사물 사이의 관계와 가치의 수평성에 대한 강조일 가능성이 크다.

  1) 그러나 강은/그곳을 떠날 때/물은 그대로 두고 갔다
                                                    —「강」 부분

  2) 하늘의 속에 깊이 들어앉을수록/집의 밑은 들린다
                                              —「하늘과 집」 부분

  3) 여자가 허공을 거기에 두고/길에 파묻힌다
                                            —「여자와 아이」 부분

시집 여기저기서 손닿는 대로 뽑아본 구절들이다. '강'은 물이 아닌 자신의 흐름으로 스스로를 현상하고, '집'은 하늘의 '깊이'가 주는 하강의 무거움에 의해 오히려 가벼워지며, '여자'의 발걸음은 대지적 존재인 '길'을 오히려 '허공'의 세계로 편입시킨다. 그런 의미에서 이 낯설고도 기이한 가역 반응, 그러니까 사물들의 자리바꿈이 생산하는 이미지의 활력은, 관습적 해석의 볼모로 잡혀 있던 기존의 사물과 말에게 존재의 다층성을 회복

시키고, "우리를 또 다른 사물로 데려가"지 않은 채 "(사물의) 구체적인 실재와 마주서게 하는"(O. 파스, 『활과 리라』, p. 144) 힘이다. 그리고 다음 시에서 보듯이, 이것은 궁극적으로 '나'의 물성(物性)과 '나'를 거소(居所)로 삼은 타자들의 복원이라는, '나'의 진정한 맨얼굴을 대면케 하는 힘이기도 하다.

> 잠자리는 나뭇가지 끝에
> 나는 나무 의자 끝에 있다
>
> 나뭇가지의 끝에는 뾰족한 하늘이고
> 의자의 끝에는 절벽의 하늘이다
>
> 잠자리와 나는 뾰족한 하늘과
> 절벽의 하늘에 붙어 있다
>
> 잠자리는 두 쌍의 날개를 수평으로 펴고
> 나는 두 쌍의 팔다리를 수직으로 펴고
>
> 잠자리도 나도 햇볕에
> 날개가 바싹바싹 잘 마르고 있다
> ─「잠자리와 날개」전문

이 시는 시적 자아 '나'가 직접 등장하는 시들(5편) 가운데 하나로, 그 구성 원리는 비교적 간단 명료하다. 대지에 속하는 '나'의 하강 이미지들과 '하늘'에 속하는

'잠자리'의 상승 이미지들이 인접성의 원리에 따라 교직되고 있다. 그러나 '나'와 '잠자리'의 이미지는 결코 대립 관계에 있지 않다. 그 까닭은 그들이 속해 있는 개별적 세계가 다른 것이면서도 같은 것이기 때문이다. 형태적 차이성으로 현상된 '나'와 '잠자리'의 '다름'은, 그러나 그들이 붙박인 세계의 근원적 동일성에 의해 '호접몽(胡蝶夢)'의 지경(至景)으로 거듭난다. 그 동일성의 가장 핵심적인 주체로 '하늘'('햇볕')을 지목하는 것은 췌언에 불과할 터이므로, 다만 "날아오르는 모든 것은 존재에 눈을 뜨며 존재에 참여한다"는 바슐라르의 말로 이 진정한 풍경의 눈물겨움을 대신해두기로 한다(이 시의 제목이 '잠자리와 나'가 아니라, '잠자리와 날개'일 수밖에 없는 까닭이 여기에 있다).

그런데 그 풍경이 눈물겨운 까닭은 왜인가? 이전 시집의 「소년과 나무」를 기억하는가, '하늘'에 속하고 싶다는 불가능의 욕망을 잠재우기 위해 "나무를 끌어안고 / 앞을 보"아야만 했던 '칠흑' 눈동자의 소년이 우리를 빤히 쳐다보고 있던. 이제 그 '소년'은 어른이 된 지금 자기 '몸'의 전적인 개방에 힘입어 하늘의 존재들을 끌어안지 않고도 '우화(羽化)'의 현실을 살게 된 것이다. 영원히 돋지 않을 것 같은 '날개'를 꿈꾸며 자신과 언어를 향해 "날자. 날자. 한 번만 날자꾸나. 한 번만 더 날아보자꾸나"라고 비감하게 되뇌었을 그 시간들, 어찌 눈물겹지 않으랴. 어쩌면 앞으로의 시사는, 오규원의 '날 이미지'의, 아니 언어와의 고투의 한 출발점과 결절점으로 이 두 시를 흥미롭게 참조하게 될지도 모른다.

3

　오규원은 언젠가 자신의 모든 시적 작업이 '수사적(修辭的) 인간으로서의 존엄성' 유지와 실현을 향한 것이라고 말한 적이 있다. '언어 최후의 마을'의 영원한 주민이 길 꿈꾸는 예민한 장인(匠人) 의식은, '시인의 몸'이 곧 '시의 몸'이 될 수 있는 그런 엄격함을 늘 자청해왔다. 그래서 그가 지금 자기와 세계의 미정형(未定形)의 가능성에 대한 욕망을 시 자체에게도 요구하는 것은 아무럴 것도 없는 자연스런 귀결이다. 그는 개별 시편, 시와 시의 관계 역시 그런 '따로'들의 공존 상태로 재구성하려는 실험, 즉 완결된 조직체로서의 시를 '개방적 구조'로 재건축하는 미증유의 작업에 막 나선 참이다. 이제부터 말하는 것은 그 작업을 위해 제작된 설계도들의 다양한 표정과 결코 간단치 않은 그것들의 의미 맥락 약간이다.

> 7월 31일이 가고 다음날인
> 7월 32일이 왔다
> 7월 32일이 와서는 가지 않고
> 족두리꽃이 피고
> 그 다음날인 33일이 오고
> [……]
> 사람의 집에는
> 머물 곳이 없었다
> 나는 7월 32일을 자귀나무 속에 묻었다
> ――「물물과 나」 부분

이 시는 여러 의미에서 주목할 만하다. 그는 이전의 시세계에서 대체로 현대 문명의 불모성 비판이나 '날 이미지'의 현상 방법(시간의 순차성)에 대한 관심으로 '시간'의 의미에 주목했다. 물론 이 말은 시간에 대한 관심이 간접화된 양식으로 드러났다는 것이지, 그의 시적 사유에서 시간이 탈루되어 있다는 것을 뜻하지는 않는다. 위 시에서 보듯이, 이제 그는 직선적·계량적 시간을 정면으로 거부하면서 순환적 시간으로의 탈주를 감행한다. '사람의 집'(관념)에 걸린 그 폭력적인 달력과 시계를 구부러뜨리는 것은 새·나무·꽃 등으로 상징되는 영원한 자연의 리듬이다. 그러므로 '나'가 시간을 '묻는' 행위는, 첫째 진보의 파토스로 물든 추상적 시간의 폐기인 동시에 원형적 시간의 복원을, 둘째 그 복원된 시간에의 '나'의 동참을 의미한다.

이 행위는 자연의 아들로서의 '나'의 회복뿐만 아니라, 시간 관념의 수정에 따른 앎의 체계의 변화를 가져온다는 점에서 더욱 의미롭다. 순환론적 시간관은 특권화된 현재의 의미를 박탈함으로써 시간의 가치 서열을 파괴하며, 개개의 시간이 다른 시간의 씨앗이자 열매라는 사실을 보여준다. 우리는 이로부터 모든 존재는 평등하며 이질적인 것들의 복합체라는 사실, 그리고 '변화'를 통해서만 스스로를 실현한다는 사실을 암시받는다. 이런 관점에서 보자면, 세계를 어떤 체계화된 중심과 의미에 가두는 것은 무용한 일이다. 오히려 존재의 그러한 본성을 투명하게 풀어놓는 일이야말로 진실에 육박하는 지름길인지도 모른다.

다음 시 역시 그것의 성취를 위한 새로운 고안 가운데 하나이다.

> 토마토가 있다
> 세 개
> 붉고 둥글다
> 아니 달콤하다
> 그 옆에 나이프
> 아니
> 달빛
>
> 토마토와
> 나이프가 있는
>
> 접시는 편편하다
> 접시는 평평하다
> ─「토마토와 나이프 ─ 정물 b」 전문

풍경이 아닌 정물(靜物)을 통해 사물의 어떤 물질성을 읽어내고 있는 시이다. 우리는 이 시를 읽으면서 이것과 동일한 정황을 그린 정물화를 떠올려봄직하다. 그림이라면 분명 우리는 사물의 형태·빛·색채·붓 터치 등에 대한 순간적이고도 포괄적인 지각을 통해 그것의 정황과 의미를 파악할 것이다. 그러나 말로 그려지는 정물화는 그럴 수 없다. 그러므로 '공간의 시간화'는 그 지각을 구체화하기 위한 어쩔 수 없는 선택이다. 그러나 토마토·나이프·접시에 대한 여러 지시가 의미하듯이, 시간적인 재배열을 통해 포괄적인 감각에 묻혀 있던 사물의 개별성과 구체성은 오히려 생생해진다('아니'의 선택적 적용이 만드는 리듬감과 의미의 단속[斷續] 역시 거기에 크게 기여한다). 여기서도 형태와 색채, 의미의 이질성을 생산하는 주체는 당연히 시적 자아의 시선이라기보다는 사물 자신이다. 이것은 여러 과일의 이름과 그 형태적 특성을 대위(對位)시키는 「식탁과 비비추 —— 정물 a」, 일몰시 나무에 걸친 해의 모습을 상반된 형태로 제시하는 「나무와 해」에서도 그대로 적용된다.

이렇듯 존재의 이질성과 복합성에 개방됨으로써 그것들의 개별성과 '살아 있는 의미망'을 건져내려는 노력은 다음 시에서 한 정점을 구가하는 것으로 보인다.

> 경운기가 흙을 움켜쥐며 따라가는 길이
> 그 길 곁 우거진 고마리들이 허리 아래로
> 물을 숨기고 있는 길이 고마리들이
> 물에 몸을 두고 물을 보내는 길이
> 자작자작 이끼가 올라가는 길이
>
> —「자작자작」 전문

이 시에 제시된 정황은 어떤 해석도 거부하며 또한 어떤 해석도 수용한다. 그 까닭은 무엇보다 시인이 고의적으로 서술어를 생략했기 때문이다. 그 텅 빈 의미의 공간은 시니피앙만 공유하는 개개의 '길'들이 어떻게 현상

하느냐에 따라, 그리고 우리(독자) 개개인의 경험과 상상력의 수준에 따라 그 내용과 질감을 달리하게 될 것이다. 다만 의미 생산의 자율성을 제한할 수 있는 요소가 있다면, 황홀한 생명의 울림 그것일 '자작자작' 정도일 것이다. 사실 시인의 '길'에 대한 관심은 좀 유별난 것이다. 그는 "'길'이란 한 세계를 다른 세계로 이어주는 꿈의 실체"(『가슴이 붉은 딱새』, p. 72)라고 말하고 있다. 이것은 '길'이 '나'가 '타자' 또는 그 역이 될 수 있는 가능성의 실질적 주재자라는 것을 의미한다. 그러니 완성된 구문의 배열 속에서 '길'의 이질적 맥락을 탐구한 여러 시들(「새와 길」「길」「여자와 아이」)과 달리, 여기서 그가 '길'을 개방된 구문 속에 던져둔 까닭이 저절로 이해된다. 모든 가능성이고 싶은 내면의 욕구가 그런 풍경을 만나지 않고서는 견딜 수 없는 상황을 연출했던 것이다.

사실 이러한 의미의 개방에 대한 욕구, 다시 말해 결론의 중단, 열린 채로의 마무리, 또는 위 시처럼 구문의 고의적 파괴를 통한 고정된 의미의 회피는 현대시의 주요한 특질 가운데 하나이다. 이런 현상이 특히 통합적 세계관 또는 개성의 유지를 허락하지 않는 현대성의 경험 양상과 밀접한 관련이 있다는 것은 주지의 사실이다. 총체성의 붕괴에 따른 '세계 상실'의 재난은 우리 삶을 파편화된, 그러니까 우연에 종속된 순간의 경험들로 재구성함으로써 존재의 불안과 삶의 무의미성을 피할 수 없는 운명으로 착근시켰다. '비유기적 개방 형식'을 본질로 하는 환유시가 이 시대에 주목받는 까닭도 그러한 세계의 우울한 불확정성을 사실적으로 드러내는 데 적합한 양식이기 때문이다. 『길, 골목,…』에 수록된 몇몇 문명 비판시는 이런 사정에 깊이 연루되어 있는데, 시인은 거기서 '날 이미지'에 문명의 허위성을 현상시키는 독특한 방법을 사용한 바 있다.

그러나 이제부터 우리가 보게 될 시들은 그 의미 개방의 목적이 전혀 상반된다고 볼 수 있다. 다시 한번 강조하거니와, 그것들은 타자성의 체험을 근간으로 한 유추의 시학에 밑받침되어 있으며, 또한 전체·보편·중심과 같은 거대한 체계들과 길항하며 스스로를 노래하는 개별의 목소리를 전달하고 그 가치를 증명하려는 노력의 산물이다.

그 하나가 한 시('집합-시')를 구성하고 있는 부분을 또 하나의 단일 시편('개체-시')으로 독립시킴으로써 만들어진 시들이다. 우리 시에서 그 역의 방법, 그러니까 이미 독립적으로 존재하는 시편들을 모아 보다 큰 규모의 시로 만들거나, 아니면 장시를 해체하여 낱낱의 시로 만드는 경우는 종종 목도된 적이 있다. 그러나 오규원처럼 같은 시집 안에 '집합-시'와 '개체-시'를 동시에 병존시킨 예는 없었다고 해도 무방하다. 이를테면 그는 「지붕과 창」의 3연을 「새와 길」로, 「산」의 1연과 3연 일부를 각각 「산 a」와 「산 b」로, 「시작 혹은 끝」의 일부를 「하나와 둘 그리고 셋」으로 분리·독립시킨다. 우리는 여기서 단편 하나하나가 독립적인 지위를 보장받는 연작소설을 떠올려봄직도 하다. 그러나 이 실험은 단일의미와 중심으로부터의 분산을 목적으로 한다는 점에서 궁극적으로 작가가 의도하는 의미로 수렴되는 연작소설과 커다란 차이를 지닌다. 그렇다 하더라도 피할 수 없는 문제는 자기 복제가 가져올 수 있는 위험성이다. 아무래도 이런 시도에 익숙하지 않은 사람들은 거기서 '언어의 완롱'이라는, 창작 정신의 어떤 결핍을 읽을 수도 있기 때문이다.

시인이 그런 위험성을 모를 리 없다. 하지만 그에게 텍스트의 자기 복제 혹은 상호 얽힘은 상투화된 세계 인식을 충격하고 사물 바깥으로 증발하려는 언어를 붙잡으려는, 그래서 주변화되고 억압된 것들을 본래의 자리로 귀환시키려는 능동적인 '귀향' 행위일 뿐, 그 어떤 것도 아니다. 위 시들에서 그것은 우선 교묘하고도 능란한 행갈이의 방법으로 나타난다. 행갈이는 시의 의미 생산에서 비유·운율·이미지·어조 등에 비해 부차적인 요소로 취급되는 경향이 있다. 그러나 잘 아는 대로 행갈이는 의미와 리듬의 동시적 휴지를 만들어낸다. 그러므로 어떻게 행갈이를 하느냐에 따라 그 주요 성분들의 실현 방식은 물론 시 개개의 의미와 정서적 질감은 전혀 달라질 수 있다. 두 가지 예만 들어보자. 우선 "뜰에서 천천히 지워질 길을/종종종 만들기도 합니다"(「지붕과 창」)와 "뜰에서/천천히 지워질 길을/종종종/만들기도 합니다"(「새와 길」)의 경우. 전자의 경우, 낭송해보면 아무래도 리듬감도 덜할 뿐더러 '길'과 '만들기도 합니다'가 의미 생산의 중심을 차지하게 된다. 그러나 후자에서는 '뜰'과, 특히 '종종종'이 전면에 부각되면서 그 의미 구조에 미세하지만 강렬한 파문을 일으킨다(앞의 '자작자작'과 마찬가지로 '종종종'이야말로 이 시가 지닌 역동성의 근원이라 해도 좋을 것이다). 다음으로 "길 위에는/돌들이/하나 둘/셋/아니/하나 둘/셋/있다"(「시작 혹은 끝」). 이것은 「하나와 둘 그리고 셋」에서 "하나와 둘/그리고/셋/넷" "하나와/둘/셋/그리고/넷" 등으로, 그러니까 시선의 각도에 따라 그 형태를 달리하며 무한 증식하고 있다. 더군다나 기호(숫자) 하나하나가 개개의 돌을 표상하고 있어, 그것이 형태의 단순한 변주가 아니라 독자적 실재라는 느낌마저 준다. 결과적으로 그는 고의적으로 분산시킨 파편(개체)들 속에서 세계의 또 다른 참모습을 거둬들이고 있는 것이다.

또 다른 하나는 자기 모방, 다시 말해 상호 텍스트성을 기반으로 하여 환유시의 '비유기적 개방 형식'의 가능성을 최대치로 밀어붙이고 있는 시들이다. 「시작 혹은 끝」과 그것의 변주로서의 「처음 혹은 되풀이」(그 역 또한 가능하다)는 의미야 어떻든 구조에서만큼은 시가 완결된 유기체라는 우리의 믿음을 여지없이 배반한다. 그 완결성의 해체는 계기적·통합적 시선의 고의적 파괴와 교란을 통해 이루어진다. 그런 까닭에 시인은 여기서 제각기 웅성거리는 사물들을 재배열하거나 더하고 생략하는 기능적인 조정자의 역할만을 맡게 된다. 가령 그는 「시작 혹은 끝」을 각기 다른 제목을 가진 '개체-시'로의 분절, 풍경의 공간적 재배치와 형질 변경의 방법으로 「처음 혹은 되풀이」를 만들어낸다. 「시작 혹은 끝」의 '끝'은 이 시의 '처음'이 되며, 풍경들의 연속적 흐름은 '개체-시'들에 의해 단속(斷續)적인 흐름으로 전환된다. 이러한 시간성의 역전과 지연은 개별 풍경(사물)들의 공간성을 확장함으로써 그것들의 독자성과 자율성을 심화시킨다. 그런 의미에서 「처음 혹은 되풀이」의 풍경은 다시점화된 풍경 혹은 겹눈(複眼)화된 풍경이라 할 수 있다. 그렇다는 것은 이 시집 2부의 구성 방식, 그러니까 「시작 혹은 끝」과 「처음 혹은 되풀이」 사이에 놓여 있는 10편의 시들이 두 '집합-시'와 맺고 있는 관계를 통해서도 확인된다. 말하자면 그 시들 모두는 두 시의 몇몇 풍경들을 세미화한 일종의 '낱눈'('홑눈'이 아닌!)들이다. 그 '낱눈'들의 풍경 역시 자율적인 질서에 따라 스스로를 현상하고 있는 '날 이미지'임은 물론이다. 그리고 이것들에 힘입어 두 '집합-시'의 풍경은 겉으로 드러난 것보다 훨씬 농밀하고도 풍성한 물질성을 내존하고 있다는 사실 또한 새삼스레 밝혀지는 것이다.

이런 사실들을 종합해볼 때, 시의 모든 구성 요소들은 '같이, 아니 따로, 아니 또 같이,…'의 리듬화에 의해 스스로 순환하는 자율적 기호로 탈바꿈된다고 하겠다. 이에 따라 위 시들에서 사물들, 그 존재 근거로서의 시간과 공간, 의미들은 무정형의 삶을 살게 되며, 무한 증식의 가능성을 부여받게 되는 것이다. 그 때문에 우리는 쉼 없이 회전하는 그것들이 남긴 흔적만을 간신히 엿볼 수 있을 뿐, 그 역동적이고도 내밀한 풍경의 내면 탐색에는 속수 무책일 수밖에 없게 된다. 2차 문서의 한계를 절감하는 순간이다.

그래도 한 가지 덧붙인다면, 시의 그런 개방과 미결정성이 "당신은 이 시가/어디에서 시작하고 어디에서 끝나야/한다고/생각하는가?"(「시작 혹은 끝」 마지막 연)라는, 시인의 비선형적 사유에 기원을 두고 있다는 점이다. 그런 의미에서 이 시들은 전형적인 메타시이다. 하지만 이런 개방 전략이 기존 서정시의 전면적 부정으로 오해될 필요는 없다. 왜냐하면 시인은 다만 세계나 시의 모든 구성 요소들이 어디에도 속박될 수 없는 상호 수평적이고도 자율적인 실체란 것을 확인하고, 거기에 발맞추는 삶을 희망하고 있기 때문이다. 이는 기존 서정시를 억압하지 않으면서 서정시의 또 다른 운명을 개척하고 싶다는 말과 다른 것이 아니다. 문학사가 이 야심찬 기획을 어떻게 기록할지는 미지수이다. 하지만, 존재의 집이자 덫이기도 한 언어를 정면에서 내파함으로써 서정시의 외연과 내포를 확장시킨 '지독한 텍스트'로 기억할 것임에 틀림없다. 이제 우리에게는 또 다른 '지독한 텍스트'의 출현을 지켜보는 일만이 남아 있을 뿐이다.